26 Avril 1913

# IMPORTANT GROUPE

EN

## ANCIENNE PORCELAINE

DE

# VINCENNES

## SALON EN TAPISSERIE

## TAPIS ORIENTAL

AVRIL 1913

VENTE

D'UN

# IMPORTANT GROUPE

EN

## Ancienne porcelaine tendre

DE

[illegible]

## Ancien Tapis oriental brodé argent

## MEUBLE DE SALON

EN

ANCIENNE TAPISSERIE D'AUBUSSON

## TABLEAU EN ANCIENNE TAPISSERIE

Au petit point de Saint-Cyr

## FAIENCES ANCIENNES

QUI AURA LIEU A PARIS

**LE SAMEDI 26 AVRIL 1913**

*à quatre heures*

COMMISSAIRE-PRISEUR

Mᵉ ROBERT [illegible]

41, rue de la Victoire

EXPERT

M. CAILLOT

52, rue de la Victoire

EXPOSITIONS

PARTICULIÈRE : *Le Vendredi 25 Avril 1913, de 1 h. 1/2 à 6 heures.*

PUBLIQUE : *Le Samedi 26 Avril 1913, de 1 h. 1/2 à 4 h. Jour de la vente*

## CONDITIONS DE LA VENTE

Elle sera faite au comptant.

Les adjudicataires paieront DIX POUR CENT en sus des enchères.

Paris — Imp. de l'Art, Ch. Berger, 41, rue de la Victoire

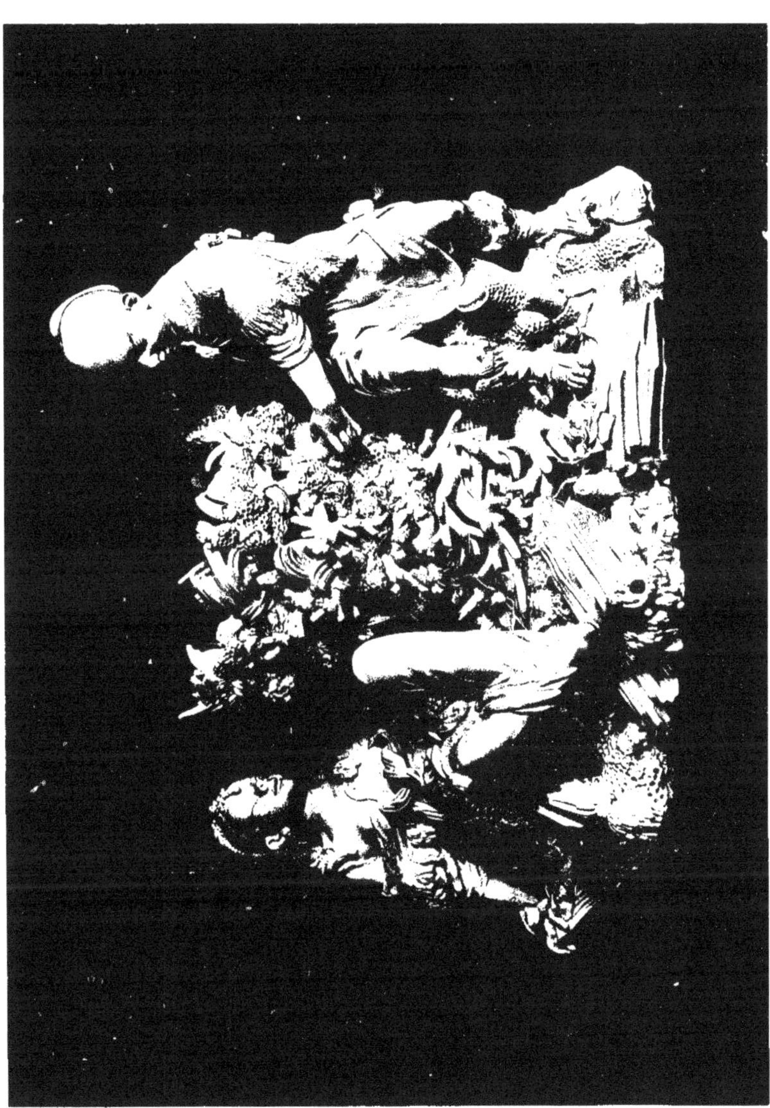

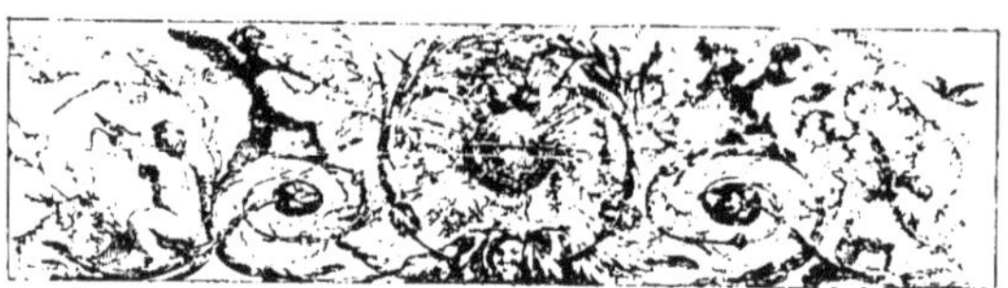

# DÉSIGNATION

## TRÈS GRAND GROUPE

1 — Au milieu, corbeille de forme ronde ajourée et découpée avec fleurs et feuillages en relief sur terrasse rocailleuse; à gauche, une Chinoise négligemment assise, adossée à un tronc d'arbre, en costume décolleté, avec coiffure enrichie de perles, s'appuie sur le tertre : à droite, un Chinois debout, légèrement incliné, tient la corbeille.

Très jolie composition, dans le goût de Boucher, en ancienne porcelaine pâte tendre blanche de Vincennes.

Larg., 50 cent.; haut., 37 cent.; profond., 31 cent.

Cette superbe pièce (la plus importante connue de cette fabrication), est rarissime, sinon unique.

# FAIENCES ANCIENNES

2 — Deux petits plats ronds en ancienne faïence de Delft, décor bleu, rouge et or, d'Adrian Pynacker. Sur le marli, un lambrequin. Au fond, corbeille de fleurs entourée d'un large lambrequin. Marque en rouge, au revers, du monogramme : *A P K*. (Seront divisés.)

Diam., 255 millim.

3 — Assiette en ancienne faïence de Delft, décor rouge, vert, noir et or. Au marli, un lambrequin. Sur le fond, grand médaillon renfermant une pagode avec balustrade, insectes, branchages de fleurs et feuillages. Marque au revers, en rouge : *W K*, monogramme de Willem Kool.

Diam., 225 millim.

4 — Assiette en ancienne faïence de Delft, décor polychrome. Au fond, scène galante composée de deux personnages dans un jardin. Le marli est couvert de quatre sujets dans le même goût, et de deux animaux reliés par des ornements rocailles.

Diam., 225 millim.

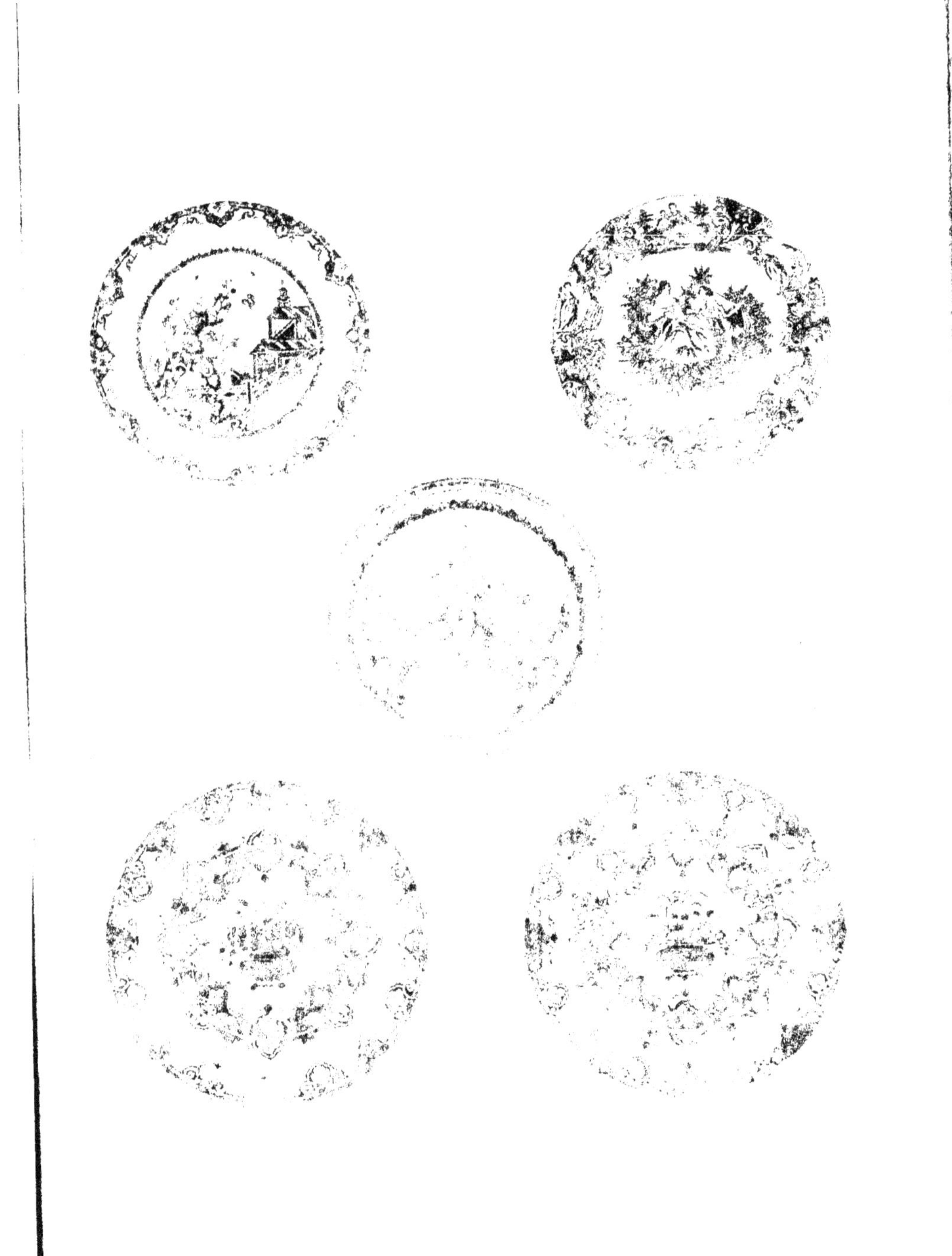

FAIENCES ANCIENNES

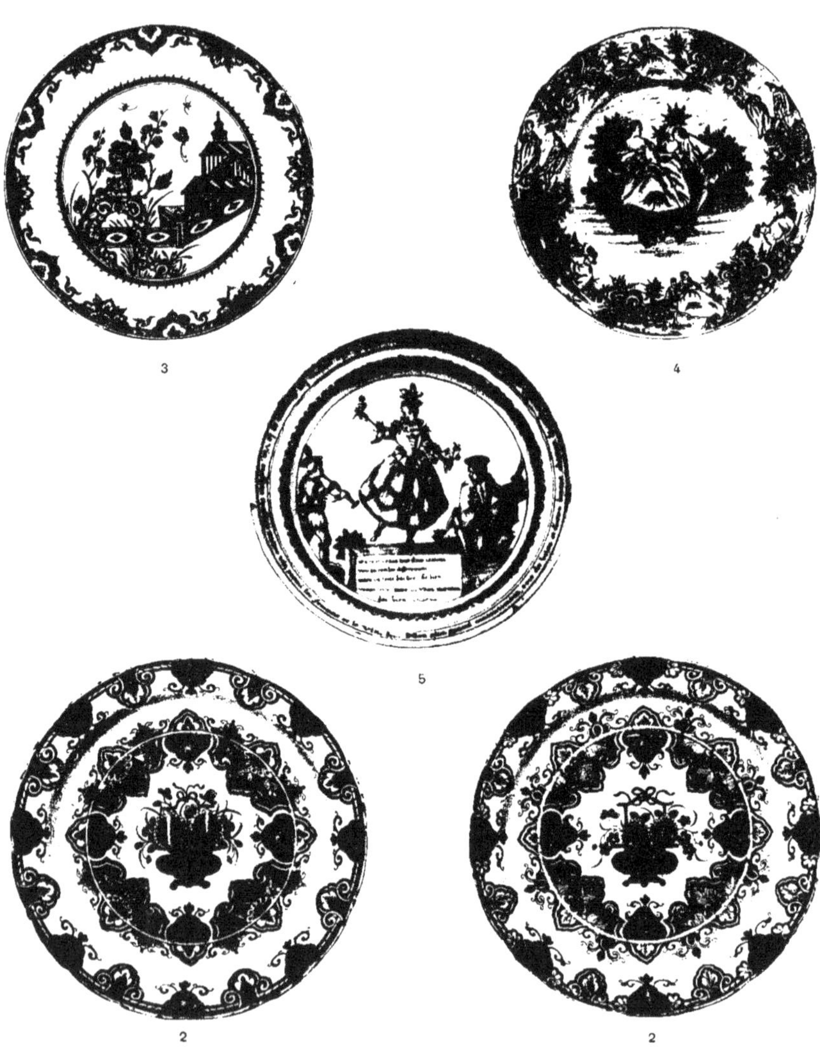

3 4

5

2 2

5 — Assiette en ancienne faïence de Marseille, de la fabrique de Le Roy, décor camaïeu bleu, présentant, au fond, *La Camargo* dansant sur un tréteau : elle tient, de la main droite, un oiseau, et, de la main gauche, un bouquet de fleurs : elle est accompagnée de deux musiciens. A ses pieds, l'inscription :

Mars et Vénus tous deux contens
Vont au combat différament
Mars va teste baissée.. he bien
Vénus teste levée .... Vous m'enten
des bien ..

Sur le marli, en exergue, est écrit :

Mon plus grand contentement, c'est de boire et d'estre amant, chasson la mélancolie, résolu jusques à la fin de toujours passer la vie, parmy les femmes et le vin, roullons roullons nostre vie parmi les femmes et le vin, &...

Diam., 235 millim.

## TAPIS ORIENTAL

6 — Grand tapis rectangulaire brodé argent sur velours grenat. Belle composition de nombreux ornements réguliers couvrant toute la surface.

Très joli travail oriental ancien.

Dimensions, non compris les franges : Long., 4 m. 80 cent. ; larg., 2 m. 30 cent.

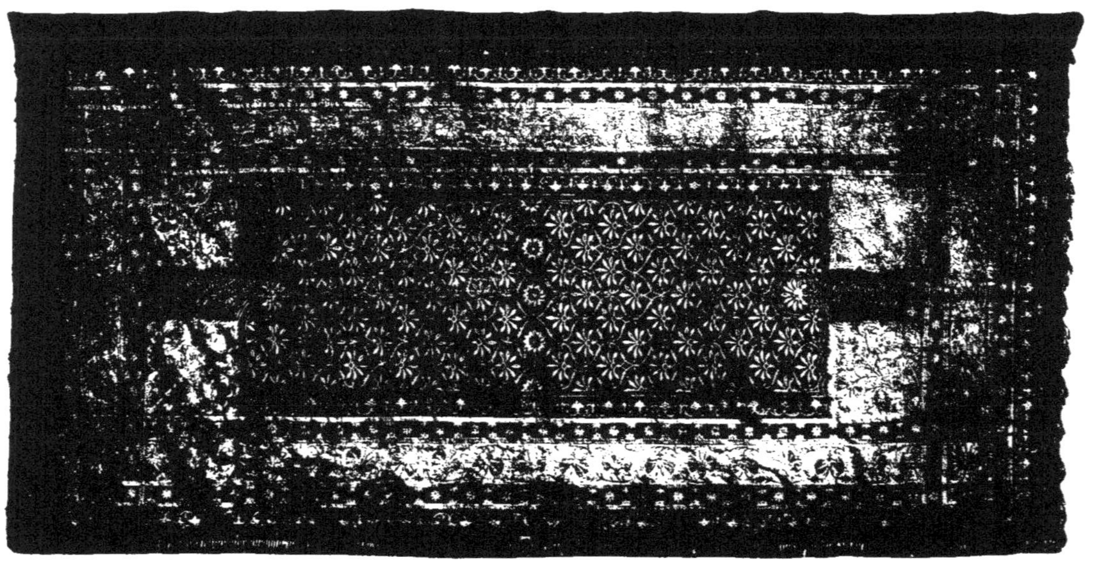

6

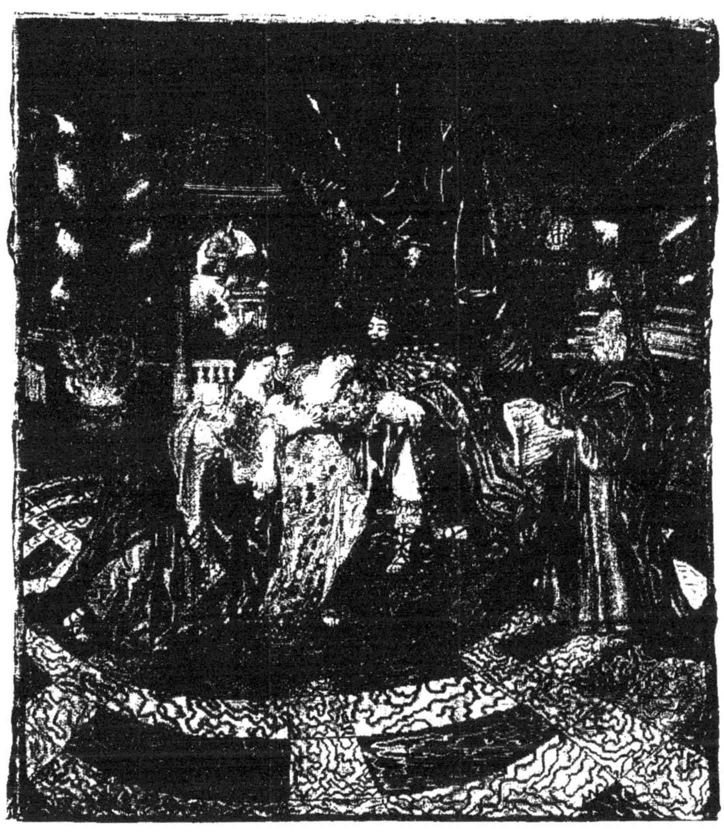

## TABLEAU EN TAPISSERIE

### AU PETIT POINT DE SAINT-CYR

7 — TABLEAU rectangulaire présentant un épisode de l'*Histoire d'Esther implorant Mardochée*, pour obtenir la grâce des Juifs persécutés par *Aman*. Époque Louis XIV.

Haut, 62 cent. ; larg., 55 cent.

# MEUBLE DE SALON

8 — MEUBLE DE SALON en bois sculpté et doré, couvert en tapisserie d'Aubusson du temps de Louis XV : les dossiers présentent des personnages jouant avec des oiseaux ou faisant de la musique. Les siéges offrent des sujets tirés des *Fables de La Fontaine*. Encadrements rouges à fleurs et rocailles. Manchettes à fleurs. Il comprend un canapé et six fauteuils.

Largeur du canapé : 1 m. 88 cent.

Largeur des fauteuils : 68 cent.

*(Première vente E. Chappey. Mars 1907.)*

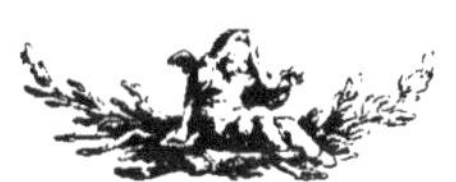

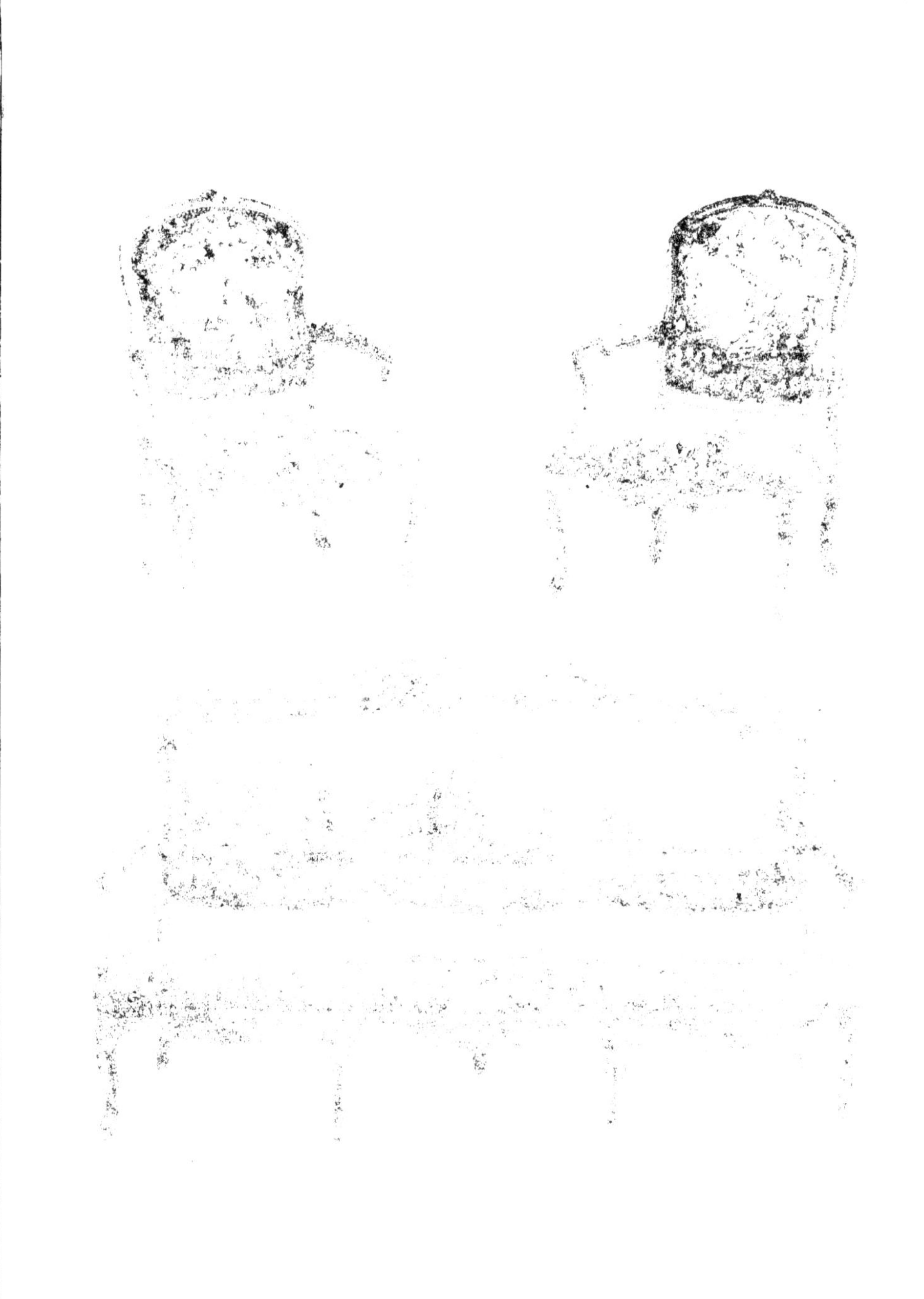

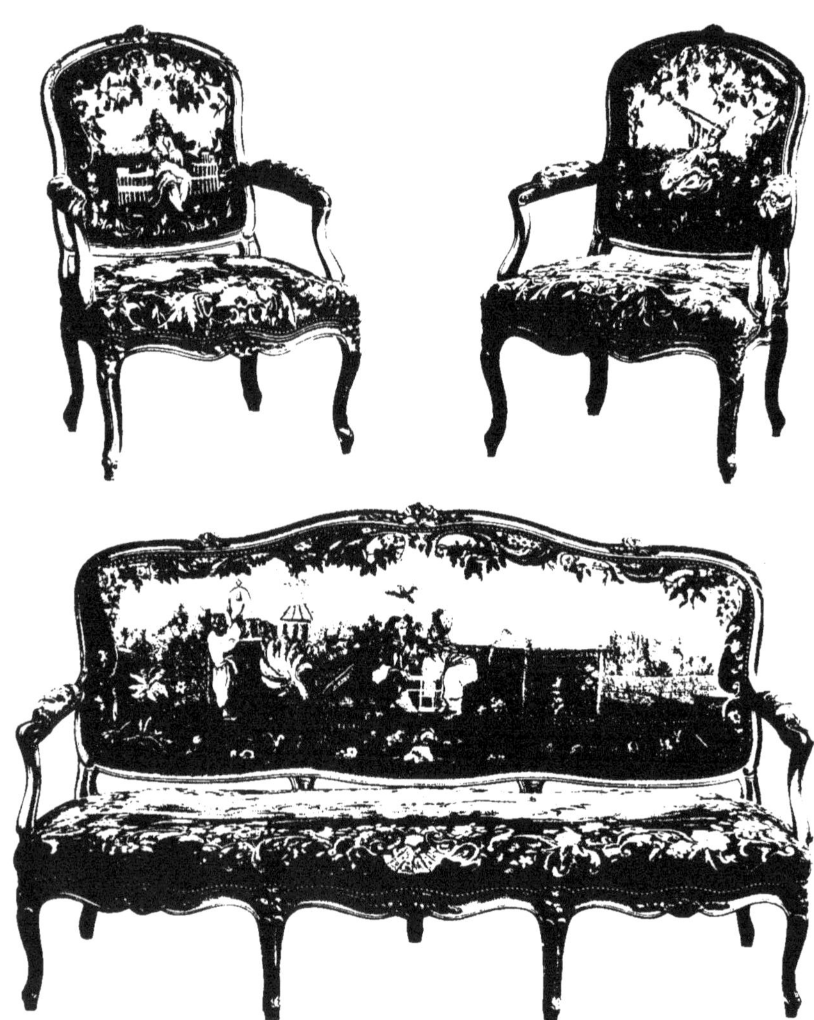

www.ingramcontent.com/pod-product-compliance
Ingram Content Group UK Ltd.
Pitfield, Milton Keynes, MK11 3LW, UK
UKHW020522180726
13839UKWH00005B/2248